AF404539

L6 1741
36

PERNICIEVSE ENTREPRISE

DES GENS DE LA RE-LIGION PRETENDVE

Reformée sur la Garnison du Roy à Nauarrins en Bearn.

Et la punition memorable qui en a esté faicte sur les lieux.

Cecy a donné cause à la publication de l'edict du 9 N. 1617 & à la declaration du 7 D. 1620.

A PARIS,

Chez PIERRE ROCOLLET, en la gallerie des Prisonniers.

M. DC. XX.

Auec Permission.

LA PERNICIEVSE

Entreprise des gens de la Religion Pretenduë Reformée sur la Garnison du Roy à Nauarrins en Bearn.

E Roy par sa bonté & pieté ordinaire, ayant surmonté tát de difficultés que l'on luy representoit en son voyage de Bearn, & porté ses armes iusques dans le païs, que l'on disoit estre tout en arme contre luy, replanta la Religion Catholique Apostolique & Romaine es lieux dudit païs d'où depuis cinquante ans en ça elle auoit esté abolie, remit les Ecclesiastiques en possession de leurs biens, terres & dignitez, & restablit la Messe en beaucoup d'endroicts où l'on ne sçauoit que c'estoit ny de Messe, ny de profession Catholique, ainsi fut il fait dans Pau, ville de Conseil, & comme capitale de Bearn, & particulierement dans la Ville de Nauarrins, qui estoit comme l'Arsenal & la force dudit païs, ville Heretique, où les Catholiques n'auoient aucune charge, ny demeure, ville forte & munie de grande quantité de Canons, poudres, boullets & autres munitions de guerre, capable de deffendre le pais en cas de necessité, & de secourir promptement les autres villes & Chasteaux qui y sont.

Monsieur de Salles personna-
ge de la Religion Pretenduë Reformée auoit le Gouuernement
de ceste place depuis longues
années en ça, sa Majesté reco-
gnoissant la grande foiblesse de
son aage & le grand besoin qu'il
auoit de se reposer de tant de
soings, principallement pour la
garde d'vne ville si importante,
voulut recompéser son seruice
& luy donner moyen de seruir
sa Majesté auec plus de repos, &
se fit rendre entre les mains ladite place, auec les clefs des por
tes, & de tous les magasins qui
estoient dedans, ce qu'estát fait
le Roy jettant les yeux de toutes
parts pour en dóner le Gouuernement à quelque Capitaine fi-

delle & affectionné à son seruice
se resouuint que Monsieur de
Poyane estoit capable de ceste
charge, Seigneur recognu en
Guienne pour ses merites & fi-
delitez, que sa Majesté honora
de la garde de Nauarrins, &
pource que sadite Majesté y
auoit remis les Ecclesiastiques &
autres Catholiques, & restably
la Messe, pour y estre maintenus
auec assurance de leur vie, laissa
là dedans pour la garde de ladite place & magasins d'icelle
la moitié du Regiment de Na-
uarre souz les commandemens
dudit sieur de Poyane, Gouuer-
neur pour sa Majesté audit Nauarrins.)

Or toutes ces choses ayans este
si religieusement & pieusement

faictes en Bearn par le Roy, sans
permettre que les sujets de la
Religion pretenduë reformée
dudit païs ayent esté troublez,
en l'exercice d'icelle, ny forcez
en ce qui regarde la liberté de
leur conscience, sans trouble,
sans guerre, ny sans aucune ef-
fusion de sang, dequoy est-ce
que l'on se pourroit plaindre de
sa Majesté de ce que pour le zele
qu'il a à la Religion Catholique
il la restablit si doucement en vn
sien païs, où de toute antiquité
elle auoit flory, sans incommo-
der ses autres suiets de la Religion contraire : A quoy dis-je,
seruent tant de discours que l'on
tient parmy leurs corps contre
cet establissemēt, sinon de faire
voir au public le desir qu'aucuns

particuliers des leurs auroient de se seruir de ceste occasion pour troubler le repos public.

C'est l'artifice dont on se veut aujourd huy seruir contre l'Innocence & Pieté de sa Majesté, c'estoit vn feu couué depuis ce temps là, qui a finalement paru auec tant de lumiere, que leur dessein est venu à la cognoissance de tous par la detestable entreprise qui s'est tramée (Dieu mercy) sans execution, sur les pauures Catholiques & Soldats de la Garnison de Nauarrins en la sorte & maniere qui s'ensuit.

Les Bearnois pretendus Reformez, ayant traicté auec leurs Freres du bas Languedoc, Montauban, & autres plus voisins, & s'estans plains à eux de ce qui s'estoit

ſtoit paſſé audit Bearn (quoy
que ſans ſujet de plainte & à leur
plus grand tort) ſubtiliſerent les
moyens de ſe rendre les maiſtres, particulierement de Na-
uarrains, ſinon ouuertement
par la force, au moins ſubtile-
ment par cautele : mais par vne
entrepriſe deteſtable & cruelle
ſi iamais on en a veu de ſembla-
ble : Le complot fut prins de
faire entrer là dedans certains
hommes determinez à mal-fai-
re, deſguiſez en fermiers, laboureurs & payſans, qui pren-
droyent logis deux à deux és
maiſons des Bourgeois heretiques, auſquels l'aduis auoit eſté
donné de feindre que leſdits
payſans eſtoyent ou leurs fer-

miers, ou leurs laboureurs, ou
de leur cognoiſſance, afin que
la garniſon ne ſe ſoupçonnaſt
de ce mauuais deſſein, qui eſtoit
qu'eſtant leſ dits determinez lo-
gés eſdites maiſons bourgeoi-
ſes heretiques, où ſont auſſi lo-
gés les ſoldats de ladite garniſon, s'entendans auec leurs ho-
ſtes, couperoiét la gorge apres
la premiere ronde, aux pauures
ſoldats endormis, iroyent de la
ſe ſaiſir des corps de garde, & à
la faueur de cinq cens cuiraſſes
que l'on feroit entrer, acheuer
de maſſacrer le reſte des Catholiques, & ſe rendre maiſtres de la
ville par ceſte ſanglante & cruelle entrepriſe, qui fut deſcouuer-
te en ceſte ſorte, pource que

Dieu qui preuoit la malice des meſchans, ne permet pas qu'elle reuſſiſſe qu'à la propre confuſion des autheurs.

Vn ſoldat entre autres, s'eſtoit tellement lié d'amitié & d'affection auec ſon hoſte heretique, qu'il n'y auoit ſorte de bonne volonté qu'ils ne ſe teſmoignaſſent reciproquement, beuuans & mangeans en meſme table, & ſe communiquans toutes affaires.

Le iour de cette execution eſtant venu, le ſoldat voit ſon hoſte extraordinairement, triſte & melancolique, ce qui luy donna ſuject de luy demander, Mon hoſte, qu'auez-vous, vous eſtes fort penſif, & y a quelque

chofe, que ne me voudriez dire,
auez-vous quelque défiance de
moy, tenez voila mes armes, vi-
uez en paix & en affeurance a-
uec moy : L'hofte refpond,
qu'il luy pourroit, comme a-
my, reueler la caufe de fa me-
lancholie, pourueu qu'il luy iu-
raft la tenir fecrette : Le foldat
luy protefta ne le faire, à condi-
tion qu'il ne fy agiroit en rien
de l'intereft de D I E V & du
Roy : C'eft donc pourquoy, dit
L'hofte, vous n'en fçaurez da-
uantage : Le foldat commence
de fe deffier de quelque fourde
menee : mais l'hofte fafché de
ce qu'il deuoit executer contre ce fien amy foldat, ainfi
qu'il auoit fait vœu, luy decla-

re ce qu'il sçait, l'apprehension
& la crainte le font parler, & dit
que moyennant la vie & son
bien saüue, il luy reueleroit vne
entreprise dangereuse contre la
vie des Catholiques : Le soldat
promet qu'il ne luy sera fait au-
cun tort ; & ayant sceu les par-
ticularitez de l'affaire, s'en va
secrettement trouuer son Capitaine, appellé le sieur Las-
selet, en l'absence de Monsieur de Poyane, qui faict
prendre les armes aux soldats,
pose corps de garde par tout,
on fouïlle les logis des Bourgeois, on emprisonne beaucoup d'entr'eux, tire de làles determinez traistres, on en faict
pédre vingt-cinq, & expedie-on

aussi tost vers sa Majesté , pour
sçauoir d'elle sa volonté sur cet
affaire décousuë : Et voila, comme par la grace de D I E V , Nauarrins a esté conseruee au Roy,
& les Catholiques garentis d'v-
ne tres-cruelle mort , qu'ils de-
uoient souffrir le iour de la Con-
ception de Nostre-Dame hni-
ctiesme du present mois , apres
la premiere ronde.

FIN.

www.ingramcontent.com/pod-product-compliance
Ingram Content Group UK Ltd.
Pitfield, Milton Keynes, MK11 3LW, UK
UKHW020128100726
13658UKWH00005B/2418